Gabriele Kisser-Priesack

Titanias Veilchen und Oberons Wermut

Eine Erzählung über die Pflanzen

in Shakespeares Sommernachtstraum

Bibliografische Information der Deutschen Nationalbibliothek:
Die Deutsche Nationalbibliothek verzeichnet diese Publikation
in der Deutschen Nationalbibliografie; detaillierte bibliografische
Daten sind im Internet über dnb.dnb.de abrufbar.

© 2017 Gabriele Kisser-Priesack
Herstellung und Verlag:
BoD – Books on Demand, Norderstedt

ISBN 978-3-741-22294-8

„Sind das alles Hochzeitsdekorationen?" fragte er und betrachtete die Blumen und Früchte auf den kleinen runden Tischen. Sie nickte und nahm eine Frucht.

„Diese *Quitte* zum Beispiel, sie schmeckt süß und herb zugleich und war schon im alten Athen ein Symbol für die Freuden und Leiden der Ehe. Und jedes Brautpaar", fuhr sie fort: „musste vor der Hochzeitsnacht gemeinsam eine *Quitte* essen."

Er zog die Augenbrauen zusammen und schob seinen Unterkiefer ein wenig hin und her, als hätte er den bitteren Geschmack auf der Zunge. Auf einem anderen Tisch lagen *Trauben*, *Feigen* und *Aprikosen*. Das würde gut in sein Restaurant passen. Mal etwas anderes als die üblichen Rosengestecke auf der Hochzeitstafel. Er lächelte, aber als sie ihm erklärte, *Trauben* und *Feigen* wären Fruchtbarkeitssymbole, runzelte er die Stirn:

„Sie meinen, wenn ich *Trauben* und *Feigen* auf der Käseplatte serviere, dann lege ich meinen Gästen Fruchtbarkeitssymbole auf den Teller?"

Sie nickte. Er folgte ihr zum nächsten Tisch. Darauf breitete eine kleine Pflanze ihre feinen Zweige aus wie ein Krake. Zwischen den Krakenarmen steckten braune *Kletten*, rote *Hagebutten* und *Eicheln*.

„Das würde ich nicht auf einen Hochzeitstisch stellen", meinte er und sah sie von der Seite an.

„Ich auch nicht", sagte sie: „Das ist die Deko für die Scheidungsfeier."

Er starrte auf das Arrangement: „Das muss ich mir merken", lachte er, „bei der nächsten Reservierung für eine Scheidung komme ich bestimmt auf Sie zu."

„Ja, gerne", sie gab ihm ihre Visitenkarte. Silvia Weller, las er darauf, Floristin. Er lächelte sie an. „Alexander Brass", stellte er sich vor und schüttelte ihre Hand. Er musste weiter, er brauchte noch eine neue Spülmaschine für die Restaurantküche. Er winkte mit der Visitenkarte und versprach, sich bei ihr zu melden. Sie sah ihm nach, wie er mit langen Schritten zu der Halle mit den Elektrogeräten ging.
Kurz bevor die Messehallen schlossen, versorgte Silvia die Pflanzen mit frischem Wasser, hängte ihre Tasche über die Schulter und wandte sich zum Gehen. Nach einigen Metern drehte sie sich um und betrachtete ihren Stand. Zufrieden nickte sie über die Anordnung der Tische. Ihre Dekorationen fielen auf, schon von weitem.
Silvia verließ die Halle und sog die warme Frühlingsluft ein. Sie setzte ihre Sonnenbrille auf, ließ das Auto stehen und ging den kurzen Weg ins Hotel zu Fuß. Als sie eine große Straße überquerte, kam sie an einer Bushaltestelle vorbei. Sie überlegte in die Stadt zu fahren und irgendwo einen Cappuccino zu trinken. Sie sah auf den Fahrplan. Der Bus fuhr nach Schwabing.
„Kennen Sie sich hier aus?" fragte jemand hinter ihr. Die Stimme kam ihr bekannt vor, sie drehte sich um und sah in das lächelnde Gesicht des Restaurantbesitzers. Sie nahm ihre Sonnenbrille ab und fragte, ob er eine Spülmaschine gefunden habe.
„Ja, das ist erledigt", er beugte sich zu dem Fahrplan und fuhr mit dem Zeigefinger an den Zeilen entlang.
„Wo müssen Sie denn hin?" fragte Silvia.
Er wollte zum Bahnhof, aber sein Zug fuhr erst um zehn Uhr abends,

bis dahin wollte er noch ein bisschen durch München bummeln.

„Der Bus fährt nach Schwabing", sagte Silvia und zögerte ein wenig, bevor sie sagte, sie wollte noch einen Cappuccino trinken, vielleicht in einem Kaffee an der Leopoldstraße.

„Klingt gut", er sah sie fragend an. Sie wich seinem Blick aus und schaute auf den herankommenden Bus, sie stiegen ein und kauften die Fahrkarten. Es waren nur wenige Leute im Bus, und er wartete, bis sie einen Fensterplatz wählte, und setzte sich neben sie. Sie überlegte, ob sie ein Gespräch beginnen sollte. Sie könnte sich nach seinem Restaurant erkundigen, als er fragte:

„Diese Deko für die Scheidung, wie kamen Sie darauf?"

Sie sah ihn von der Seite an. Sollte sie ihm erzählen, wie es zu dem Streit zwischen Hermia und Lysander gekommen war?

„Das ist eine lange Geschichte", antwortete sie nach einer Weile.

Er sah zum Fenster hinaus: „Eine Scheidung ist immer eine lange Geschichte", meinte er.

„Es ist eigentlich die Geschichte einer Hochzeit, genau genommen, von drei Hochzeiten." Er sah sie mit seinen hellen Augen an und senkte ein wenig das Kinn. Sie lächelte und begann zu erzählen: „Die Geschichte spielt im antiken Athen, Hermia und Lysander wollen heiraten, und das wäre kein Problem, wenn da nicht dieser Demetrius wäre. Er will Hermia unbedingt heiraten und hat ihren Vater auf seiner Seite. Aber sie will ihn nicht, denn sie liebt ihren Lysander - und außerdem", sie senkte die Stimme: „war Demetrius mit ihrer besten Freundin verlobt und hat die Verlobung gelöst."

„Klar, dass sie den nicht will, aber wenn die beiden es ernst meinen, hat doch der Vater nicht viel zu sagen."

„Im antiken Athen schon: wenn die Tochter nicht den Mann heiraten wollte, den der Vater ausgesucht hatte, konnte sie ins Kloster geschickt oder sogar mit dem Tod bestraft werden.

„Das waren ja raue Sitten, und was macht sie jetzt?"

„Sie weigert sich, und ihr Vater geht vor Gericht, wo Theseus, der Herzog von Athen, das Urteil sprechen muss. Er versucht, Hermia zu der Ehe mit Demetrius zu überreden und beschreibt ihr das Leben im Kloster, wo sie schwache Loblieder zum fruchtlosen Mond singen wird und als *Rose* am jungfräulichen Dorn verblühen wird, wo doch diejenigen viel glücklicher sind, die als frische *Rose* gepflückt werden."

Er schluckte: „als frische *Rose* gepflückt", wiederholte er und zog die Augenbrauen hoch.

„Naja, symbolisch ausgedrückt", meinte Silvia.

Er nickte: „Deshalb immer die *Rosen* bei Hochzeiten!" Er sah zum Fenster hinaus und fragte nach einer Weile: „Und kann er Hermia überreden?"

Sie schüttelte den Kopf: „Nein, sie weigert sich weiterhin, Demetrius zu heiraten. Ganz blass steht sie da, und Lysander, der bei der Verhandlung dabei ist, macht sich Sorgen um sie und fragt sich, wie seine *Rose* so schnell ihre Farbe verlieren kann."

Er griff mit beiden Händen an die Stange des Vordersitzes und drehte sich zu ihr: „Die nehmen das aber ganz schön ernst mit den *Rosen*?"

Rose
Rose

I,1 Theseus to Hermia: Chanting faint hymns to the cold fruitless moon. Thrice-blessed they that master so their blood, To undergo such maiden pilgrimage; But earlier happy is the rose distill'd, Than that which, withering on the virgin thorn, Grows, lives, and dies in single blessedness.	Theseus zu Hermia: Schwache Loblieder zum kalten fruchtlosen Mond singend: Dreimal gesegnet die, die ihr Blut so beherrschen, solch jungfräuliche Wallfahrt auszuhalten; Aber früher glücklich ist die gepflückte Rose, Als diejenige, die verblühend am jungfräulichen Dorn, Wächst, lebt, und stirbt in einsamer Gesegnetheit.

I,1 Lysander to Hermia: How now my love! What is your cheek so pale? How chance the roses there do fade so fast?	Lysander zu Hermia: Wie nun meine Liebe! Was ist deine Wange so bleich? Wie können Rosen so schnell verblassen?

„Es ist ein altes Stück, da hatten diese Symbole noch eine wichtige Bedeutung."

„Wie alt?" fragte er, aber bevor sie antworten konnte, hielt der Bus an der Endhaltestelle, und der Fahrer forderte alle auf auszusteigen. Sie verließen den Bus und schlängelten sich durch die Menschenmenge, wichen Fahrradfahrern aus und standen schließlich an der Leopoldstraße, mitten in Schwabing. Es herrschte lebhafter Verkehr. Busse, Taxen, Sportwagen und Motorräder schlichen hupend auf vier Spuren von einer Ampel zur nächsten.

„Ganz schön viel los hier", meinte er. Sie nickte und reihte sich vor ihm in die Menschenmenge ein. Hintereinander gingen sie zwischen den Auslagen der Boutiquen und den eng aneinander gestellten Tischen der Straßencafés entlang, bis Silvia an einer der nächsten Seitenstraßen nach links einbog. Hier war es ruhiger, und er ging neben ihr.

„Da drüben ist ein nettes Café", sagte sie.

„Gute Idee", meinte er. Sie setzten sich an einen der freien Tische auf der Terrasse und schauten auf die Grünflächen des Englischen Gartens. Sie bestellten Cappuccino und beobachteten schweigend zwei Windhunde, die den Stöcken nachjagten, die ihr Herrchen ihnen zuwarf. Nach einer Weile fragte er:

„Wie geht es denn weiter mit den beiden?"

„Mit den Hunden?" fragte sie verdutzt, und er lachte:

„Die bekommen hoffentlich bald was zu fressen, so dünn wie die sind, nein, ich meine mit Hermia und Lysander."

„Ach so", sagte sie, legte die Hände auf den Tisch und erzählte von Theseus, dem Herzog von Athen, der wenig Zeit hat und im Stress ist, weil er am nächsten Tag die Königin der Amazonen heiraten möchte und noch einiges vorbereiten muss. Alexander grinste, er kannte die Nervosität seiner Gäste vor Hochzeiten sehr gut. Deshalb schiebt Theseus das Urteil auf und gibt Hermia einen Tag Bedenkzeit, aber dann muss sie Demetrius heiraten oder sterben.

„Oh je", meinte er und hörte auf zu grinsen. Sie nickte: „Ja es ist schwierig, und Lysander sieht nur einen Ausweg. Sie müssen fliehen, zu seiner Tante, die außerhalb von Athen wohnt und bei der sie heimlich heiraten können. Hermia willigt in den Plan ein, aber vorher will sie sich noch von ihrer Freundin Helena verabschieden."

„Ist das die, mit der Demetrius verlobt war?"

„Ja, und Helena ist immer noch in diesen Demetrius verliebt. Die beiden jungen Frauen treffen sich. Helena ist sehr unglücklich, weil Demetrius sie nicht mehr liebt. Sie wäre gerne so wie Hermia und beneidet sie um ihre Stimme, die süßer klingt als der Gesang der Lerche im Mai, wenn der *Weizen* grünt und die Knospen des *Weißdorns* erscheinen."

Auf seiner Stirn bildeten sich Falten: „Was bedeutet das?" fragte er.

I,1 Helena to Hermia: Your eyes are lode-stars; and your tongue's sweet air More tuneable than lark to shepard's ear, When _wheat_ is green, when _hawthorn_ buds appear. Sickness is catching: O, were favour so, Yours would I catch, fair Hermia, ere I go;	Helena zu Hermia: Deine Augen sind Polarsterne; und deine Zunge ist süße Luft angenehmer als die Lerche in des Schäfers Ohr, Wenn der _Weizen_ grünt, wenn des _Weißdorns_ Knospen erscheinen. Krankheit ist ansteckend: O, wäre es Lieblichkeit auch, Deine würde ich einfangen, schöne Hermia, bevor ich gehe;

Weizen
Wheat

Weißdorn Hawthorn

„Der *Weißdorn*, ein Strauch mit weißen Blüten und langen Dornen ist das Attribut von Hymenaios, dem Ehegott der Griechen, der bei Hochzeiten seinen Segen geben musste. Und der grüne *Weizen* ist ein Symbol für einen neuen Anfang und die Hoffnung auf eine gute Ernte – im übertragenen Sinn", fügte sie hinzu. Er überlegte:
„Das ist, als würde Helena für Hermia einen neuen Anfang mit Lysander wünschen und dazu den Segen des Ehegottes."
Silvia nickte und erzählte, wie schwer es den jungen Frauen fällt, sich zu verabschieden, sie waren zusammen aufgewachsen und fühlten sich wie zwei *Kirschen* an einem Stiel - beide attraktiv und begehrenswert. Dann vertraut Hermia ihrer Freundin den Fluchtplan an. Sie will sich am Abend mit Lysander auf einer Lichtung im Wald treffen. Diese Lichtung war immer ein wichtiger Ort für die beiden Frauen. Die Bedienung brachte den Cappuccino, Silvia beugte sich vor und löffelte langsam den Schaum.
„Auf dieser Lichtung", fuhr sie fort und beobachtete, wie Alexander ein Päckchen Zucker öffnete und in seine Tasse rührte: „haben sie sich oft getroffen, auf *Primelbetten* gelegen und ihre Busen von ihren süßen Geheimnissen geleert."
Er sah von seiner Tasse auf und beugte sich vor: „Was haben die gemacht?"
„Heute würden sie diese Geheimnisse wahrscheinlich auf Facebook stellen, aber in diesem Theaterstück wird es so ausgedrückt."

III,2 Helena to Hermia: So we grew together, Like to a double-*cherry*, seeming parted, But yet an union in partition; Two lovely berries moulded on one stem;	Helena zu Hermia: So wuchsen wir zusammen, wie eine *Doppelkirsche*, scheinbar geteilt, aber doch eine Einheit im getrennt sein; zwei liebliche Beeren geformt an einem Stiel;

Kirsche
Cherry

I,1 Hermia to Helena: And in the wood, where often you and I Upon faint _primrose-beds_ were want to lie Emptying our bosoms of their counsel sweet, There my Lysander and myself shall meet;	Hermia zu Helena: Und im Wald, wo oft du und ich Auf blassen _Primelbetten_ liegen wollten unsere Busen von ihrem süßen Geheimnis leerten, Dort werden sich mein Lysander und ich treffen,

Schlüsselblume
Primrose

Er lehnte sich zurück und rührte weiter in seiner Tasse: „Was ist das für ein Stück? Es klingt wie ein Märchen."

„Es ist der Sommernachtstraum von Shakespeare, und es wird noch viel märchenhafter, mit Elfen und Zaubersäften und so."

Er verschränkte die Arme und sah sie an: „Gehen Sie oft ins Theater?"

„Nein, ich lernte das Stück kennen, als meine Tochter bei einer Schulaufführung mitspielte und ich gebeten wurde, die Bühnendekoration zu machen. Danach wird man gefragt, wenn man einen Blumenladen hat. Also haben wir nach Pflanzen in dem Stück gesucht und sehr viele gefunden, bei einigen kannte ich die symbolische Bedeutung, und dann habe ich angefangen, auch die Bedeutung der anderen nachzuschauen."

„Die *Primelbetten*!" lachte er und sie nickte: „*Primeln* oder *Schlüsselblumen* haben eine ganz bestimmte Bedeutung, sie sind ein Symbol für einen neuen Anfang: Primula ist ‚die Erste', die im Frühling blüht."

Er rührte nachdenklich in seinem Cappuccino: „Auf einem ihrer Tische standen *Schlüsselblumen*, die mit Gras umwickelt waren - das ist gar kein Gras, das sind grüne *Weizenhalme*. Jetzt verstehe ich das. Ist bei der Dekoration auch *Weißdorn* dabei? Ich weiß gar nicht, wie der aussieht."

„Die Früchte liegen dabei, sie sind Ihnen vielleicht nicht aufgefallen, sie sehen ähnlich aus wie Hagebutten, der *Weißdorn* ist mit den *Rosen* nah verwandt."

„Ah, das passt gut auf einen Hochzeitstisch, ein neuer Anfang und der Segen des Ehegottes."

Um einen neuen Anfang machen zu können, müssen Hermia und Lysander fliehen.

Sie sind schon unterwegs in den Wald, um sich auf der Lichtung zu treffen. Aber Hermias Freundin verrät den Fluchtplan an Demetrius, weil sie glaubt, er würde sie dann wieder lieben, wenn er erfährt, dass Hermia vor ihm weg läuft. Aber da täuscht sich Helena. Demetrius will Hermia zurückholen und läuft zu der Lichtung. Helena rennt hinter Demetrius her, und so irren alle vier im abendlichen Wald umher, in dem sich Elfen und andere seltsame Gestalten herumtreiben!"

Er beugte sich nach vorn und flüsterte: „Was für seltsame Gestalten?" und erwartete Elfen und Geister, aber Silvia sagte: „Handwerker."

„Da brauchen sie aber nicht in den dunklen Wald zu gehen", meinte Alexander „Handwerker erscheinen bei Tageslicht, aber", fügte er hinzu „Auch da sind sie oft seltsam."

„Wenn sie überhaupt kommen."

„Sie sagen es, und was machen diese Handwerker?"

„Sie wollen ein Theaterstück einüben, das sie bei der Hochzeit von Theseus aufführen wollen. Der selbsternannte Regisseur der Truppe heißt *Quitte*."

Er deutete mit dem Zeigefinger in die Luft: „Ich erinnere mich, süß und bitter zugleich, wie die Freuden und Leiden der Ehe!"

Sie überlegte: „Und es passt auch zu den Handwerkern, man freut sich wenn sie kommen, aber die Rechnung ist meist bitter." „War das damals auch schon so? Wann wurde das Stück denn geschrieben?"

„Vor etwa 400 Jahren."
„Es hat sich anscheinend nicht viel verändert!" Sie sahen sich an und mussten lachen. Die Bedienung sah zu ihnen herüber, Alexander winkte ihr und fragte nach Quittenkuchen. Es gab aber keinen, und er bestellte Apfelstrudel mit heißer Vanillesoße. „Möchten Sie auch noch etwas?", wandte sich die Bedienung an Silvia, die einen Käsekuchen bestellte.
„Also dieser *Quitte*", fuhr Silvia fort: „verteilt die Rollen, aber er befürchtet, dass diejenigen, die eher schwach im Kopf sind, ihren Text nicht gut lernen. Deshalb verabredet er sich mit ihnen unter einer *Eiche* im Wald."
„Warum das?"
„Die *Eiche* ist ein Symbol für Macht und Stärke, sie ist das Attribut des obersten Gottes Jupiter."
„Dann hofft dieser *Quitte* also auf göttliche Hilfe, damit seine Truppe einen guten Auftritt hinlegt?"
Sie nickte.

II,1 Bottom: We will meet; and there we may rehearse most obscenely and courageously. Take pains; be perfect; adieu. Quince: At the duke's _oak_ we meet.	Bottom: Wir treffen uns, und da können wir üben. ganz szenisch (obszön) und mutig. Gebt alles, seid perfekt, adieu. Quitte: An des Herzogs _Eiche_ treffen wir uns.

Eiche
Oak

Quitte
Quince

V,1 Bottom to actors: And, most dear actors, eat no *onions* nor *garlic*, for we are to utter sweet breath; and I do not doubt but to hear them say, it is a sweet comedy. No more words, away! go away!	Bottom zu den Schauspielern: Und, liebe Schauspieler, esst weder *Zwiebeln* noch *Knoblauch*, damit wir süßen Atem verbreiten; und ich zweifle nicht daran sie sagen zu hören, es ist eine süße Komödie. Kein Wort mehr, weg! geht weg!

Zwiebeln Knoblauch
Onions Garlic

„Und hilft es?" fragte Alexander.

„Na ja, Sie kennen wahrscheinlich solche Laienaufführungen. Die Handwerker sind nicht gerade geschickt beim Spielen, und da hilft es auch wenig, dass Quitte ihnen empfiehlt, vor der der Aufführung keine Zwiebeln oder Knoblauch zu essen, damit sie einen süßen Atem haben."

Alexander nickte und wunderte sich etwas, dass man schon vor 400 Jahren darauf geachtet hat, dann stützte er die Ellbogen auf den Tisch, legte das Kinn in die Hände und hörte aufmerksam zu, Silvia erzählte von der Lichtung im Wald. Dort schwirrt an dem Morgen, während in Athen die Gerichtsverhandlung stattfindet, eine kleine Elfe über die Wiese. Sie bereitet den Weg für die Elfenkönigin Titania und sammelt Tautropfen, die sie wie Perlen in das Ohr jeder *Schlüsselblume* hängt. Die aufrechten *Schlüsselblumen* sind Titanias Garde. Sie tragen Rubine und die Elfe schmückt sie noch mit Perlen."

Er legte den Kopf schräg: „Eine Garde aus *Schlüsselblumen* mit Rubinen und Perlen?" fragte er.

„Das ist eine Anspielung auf Königin Elisabeth I. Sie hatte eine Garde von fünfzig jungen Männern aus der besten Gesellschaft, die Elisabeth immer begleiteten. Sie trugen wertvolle Uniformen mit Rubinen und Perlen besetzt. Die Rubine tragen die *Schlüsselblumen* bereits", sie zog ihr Smartphone aus der Tasche und holte das Bild einer Schlüsselblume: „Sehen Sie die roten Flecken auf den Blütenblättern? Das sind die Rubine, die Schätze der Elfen. Nur die Perlen fehlen noch, und dafür sammelt die Elfe die Tautropfen.

I,1 Fairy to Puck: I do wander everywhere, Swifter than the moon's sphere; And I serve the fairy queen, To dew her orbs upon the green. The _cowslips_ tall her pensioners be: In their cold coats spots you see; Those be rubies, fairy favours, In those freckles live their savours; I must go seek some dewdrops here, And hang a pearl in every _cowslip_'s ear. Farewell, thou lob of spirits; I'll be gone: Our queen and all her elves come here anon.	Elfe zu Puck: Ich wandere überall, Schneller als des Mondes Sphäre; Und ich diene der Elfenkönigin, Befeuchte ihre Gestirne auf dem Grün. Die hohen _Schlüsselblumen_ sind ihre Pensionäre: In ihren kalten Mänteln siehst du Flecken; Jene sind Rubine, Lieblinge der Elfen, In jenen Sprenkeln leben ihre Schätze; Ich muss einige Tautropfen suchen, Und eine Perle in jeder _Schlüsselblume_ Ohr hängen. Fahre wohl, du unruhiger Geist, ich bin weg: Unsere Königin und alle ihre Elfen kommen gleich hierher.

Schlüsselblume Cowslip

Damit ist Titanias Garde so reich geschmückt wie die Garde von Königin Elisabeth." Sie legte das Smartphone zur Seite und fuhr fort:
„Die Elfe ist ziemlich beschäftigt und gar nicht begeistert, als der Diener des Elfenkönigs Oberon auf der Lichtung erscheint. Er heißt Puck und ist bekannt für seine derben Scherze. Er bildet sich viel darauf ein, Oberon zum Lachen zu bringen. Dafür füttert er Pferde mit *Bohnen* und wiehert dann wie eine junge Stute, bis die Hengste ganz wild werden und an den Koliken fast krepieren. Er treibt sich auch gerne in Kneipen herum, in denen die Leute Ale tranken. Damals war es sehr beliebt, einen gebratenen *Holzapfel* in das Bierglas zu legen."
„Ale mit einem gebratenen *Holzapfel*, wie schmeckt das?"
Sie zuckte mit den Schultern, und er meinte, das müsse er mal probieren, vielleicht könnte er es auf die Speisekarte setzen.
„Aber nur, wenn kein Puck in der Nähe ist", lachte sie: „denn er verwandelt sich in einen solchen *Holzapfel* und, wenn eine alte Schwätzerin trinken will, springt er im Glas hoch, bis das Bier über ihr welkes Doppelkinn läuft." Er verzog das Gesicht.

Bohnen
Bean

Holzapfel
Crab

II 1 Puck to fairy: I am that merry wanderer of the night. I jest to Oberon, and make him smile, When I a fat and _bean_-fed horse beguile, Neighing in likeness of a filly foal: And sometime lurk I in a gossip's bowl, In very likeness of a roasted _crab_; And when she drinks, against her lips I bob And on her withered dewlap pour her ale.	Puck zur Elfe: Ich bin jener Wanderer der Nacht. Ich scherze mit Oberon, und bringe ihn zum Lächeln, Wenn ich ein fettes _bohnen_-gefüttertes Pferd betöre, indem ich wiehere wie ein trächtiges Stutenfohlen: Und manchmal lauere ich in der Tasse einer Schwätzerin, In Form eines gebratenen _Holzapfels_, Und wenn sie trinkt, springe ich gegen ihre Lippen Und auf ihrem welken Doppelkinn landet ihr Bier.

„Aber manchmal gibt Puck auch gute Ratschläge, und so empfiehlt er der Elfe, sich in einem *Eichelbecher* zu verstecken, wenn Titania und Oberon anfangen zu streiten."

Alexander überlegte: „Ein *Eichelbecher* ist so groß", er zeigte mit Daumen und Zeigefinger einen Abstand von etwa zwei Zentimetern. „Wenn die Elfen in einem *Eichelbecher* Platz haben, dann sind sie so klein?" er verringerte den Abstand ein wenig und betrachtete seine Hand, als würde eine Elfe auf seinem Daumen sitzen. Nach einer Weile sah er Silvia an: „Diese kleine Elfe braucht wirklich den Schutz von Jupiters *Eiche*."

Sie lächelte und nickte: „Aber erst muss sie noch den Weg bereiten für Titania und, sie beeilt sich, die Tautropfen in die Ohren der *Schlüsselblumen* zu hängen. Kaum ist sie damit fertig, erscheint Titania auf der Lichtung, begleitet von ihrem Gefolge."

Er stellte sich vor, wie diese kleinen Wesen in Scharen auf die Lichtung strömten, unter den *Schlüsselblumen* hindurch, und wahrscheinlich haben sie kleine Fanfaren dabei, die in hohen Tönen quietschen. Aber Silvia versuchte, ein ernstes Gesicht zu machen, und beschrieb, wie die Elfen in strenger Formation hinter ihrer Königin einher schreiten. Und wie von der anderen Seite der Lichtung Oberon mit seinem Gefolge kommt. Die beiden gehen aufeinander zu, bis sie sich mitten auf der Lichtung gegenüber stehen.

II 1 Puck: But they do square, that all their elves of fear Creep into _acorn cups_, and hide them there.	Puck: Aber sie streiten, dass alle ihre Elfen aus Furcht In _Eichelbecher_ kriechen, und sich dort verstecken.

Eichelbecher
Acorn cup

„Höchste Zeit für die Elfen, in ihre *Eichelbecher* zu kriechen?" fragte Alexander.

„Das wäre zu empfehlen, denn Titania und Oberon fangen sofort an zu streiten. Sie wirft ihm vor, er sei untreu gewesen, und er ist eifersüchtig auf einen Knaben, der bei ihr lebt. Er verlangt, dass das Kind bei ihm aufwächst."

„Warum will er das Kind, ist er der Vater?"

Sie stutzte und erklärte nachdenklich, dass der Knabe das Kind von Titanias Freundin sei, die bei der Geburt gestorben ist und Titania gebeten hat, sich um das Kind zu kümmern.

„Er könnte also der Vater sein?"

Sie überlegte und sah an ihm vorbei: „Theoretisch ja, aber darüber erfährt man nichts. Diesen Streit führen sie seit vielen Jahren", sie machte eine Pause und sah ihm in die Augen: „Und dieser Streit hat fatale Auswirkungen auf die Natur und schwerwiegende Folgen für die Menschen."

Er winkte ab. „Diese kleinen Wesen? So schlimm kann das doch nicht sein. Mehr als die Pferde scheu machen oder Bier verschütten könnten die Elfen doch wohl kaum." Er sah sie gespannt an. Sie beugte sich vor und stützte die Handflächen an der Tischkante ab: „Die Menschen glaubten damals, dass diese Naturgeister große Macht besitzen! Dass die Erde aus den Fugen gerät, wenn sie streiten." Er runzelte die Stirn, als sie erklärte, es habe damals eine Klimaveränderung gegeben, die sogenannte ‚kleine Eiszeit'.

II,1 Titania: These are the forgeries of jealousy: And never, since the middle summer's spring, Met we on hill, in dale, forest, or mead, …… Siehe Anhang	Titania: Dies sind die Fälschungen der Eifersucht: Und nie, seit des Mittsommers Frühling, Trafen wir uns am Hügel, im Tal, in Wald, oder Wiese, …… Siehe Anhang

Rose
Rose

Weizenähre
Corn

Die Jahreszeiten waren wie vertauscht, und mitten im Sommer fiel Schnee auf die frischen *Rosenknospen*. Stürme jagten über das Land, gefolgt von starken Regenfällen. Die Flüsse traten über ihre Ufer, und die Felder versanken im Schlamm in dem das grüne *Korn* verfaulte. Die Menschen hungerten. In der feuchten Kälte litten sie an Rheuma und vielen anderen Krankheiten. Im Winter war es so kalt, dass die Themse in London zufror und Königin Elisabeth Spaziergänge auf dem Eis machte. Silvia nahm ihr Smartphone und zeigte ihm ein Bild.
„Ist das die eingefrorene Themse?"
„Ja, unter der London Bridge. Es war nicht nur in England so kalt. Diese Kälte breitete sich in ganz Europa aus", sie wischte über das Display: „Das ist ein Bild aus Holland zu dieser Zeit, man konnte auf den Kanälen Schlittschuh fahren."
Er betrachtete das Bild: „Und an all dem sollen die Elfen schuld sein?"
„Die Menschen damals glaubten daran."
Er lehnte sich zurück und meinte, es wäre eigentlich ganz praktisch, an Elfen zu glauben. Wenn etwas verschüttet wird, war es Puck. Auch der heutige Klimawandel wäre die Folge des Streits zwischen Titania und Oberon. Die Berichte klingen ja heute ganz ähnlich: Stürme, Überschwemmungen, die Jahreszeiten stimmen nicht mehr. Die Ernten werden schlechter. Silvia legte den Kopf schräg und fragte ihn, ob es wirklich praktisch wäre, wenn man den Launen der Elfen ausgeliefert wäre.

Er zuckte mit den Schultern und meinte, es wäre wahrscheinlich egal, denn gegen den Klimawandel würde sowieso nicht wirklich etwas unternommen, und da gab sie ihm Recht.

Die Bedienung kam an den Tisch und brachte einen Teller mit einem großen Stück goldgelbem Käsekuchen und ein kleines Tablett mit Apfelstrudel und einem Kännchen heißer Vanillesoße. Der Geruch von Quark, Apfel und Vanille stieg ihnen in die Nase, und sie begannen zu essen.

Zwischen zwei Bissen murmelte er, die Vanillesoße schmecke sehr gut und ob sie probieren möchte. Sie hob ihre Gabel, zögerte aber. Er bemerkte ihre Unsicherheit, nahm das Kännchen und goss etwas Soße auf den Rand ihres Tellers. Sie probierte und stimmte ihm zu. Eine Weile aßen sie schweigend, bis Alexander fragte, ob Titania und Oberon sich einig würden, bei wem der Knabe aufwachsen sollte.

„Nein, keiner lenkt ein, Oberon wird immer wütender und sinnt auf Rache. Er schickt Puck los, um eine bestimmte Blume zu holen." Sie tippte auf ihr Smartphone und zeigte ihm ein Bild.

„Ein *Stiefmütterchen*, das kenne ja sogar ich!", freute er sich: „Wozu braucht Oberon diese Blume?"

„Das *Ackerstiefmütterchen* hat eine besondere Kraft. Es hat mit dem Liebesgott Amor zu tun. Sie kennen Amor?"

„Das ist doch der, der mit seinem Pfeil schießt, und dann verlieben sich die Leute ineinander - das geht nicht immer gut!" fügte er grinsend hinzu.

II,1 S. 411 Oberon to Puck: Yet marked I where the bolt of cupid fell: It fell upon a little western flower, Before milk-white, now purple with love's wound, And maiden call it *Love-in-idleness*. Fetch me that flower;	Oberon zu Puck: Da bemerkte ich, wo der Pfeil des Amors traf: Er traf auf eine kleine westliche Blume, Zuvor milchweiß, nun purpurn mit der Wunde der Liebe, Und Mädchen nennen sie *Liebe im Müßiggang*. Hol mir jene Blume;

Acker-
Stiefmütterchen
Love-in-idleness

„Dieser kleine Amor hat – vor langer Zeit – versucht, mit seinem Pfeil ein junges Mädchen zu treffen, das über eine Wiese ging. Aber er schoss daneben, und der Pfeil traf nicht das Mädchen, sondern ein *Ackerstiefmütterchen*. Seitdem besitzt diese Blume die Kraft von Amors Pfeil und Oberon braucht die Blume. Wenn der Saft der Blume in die Augen einer schlafenden Person getropft wird, verliebt sie sich in das erste Lebewesen, das sie sieht, wenn sie erwacht!" Sie sah ihn an und hob eine Augenbraue.

„Lebewesen?" fragte er nach „ich glaube ich verstehe: das muss kein Mensch sein!"

Sie nickte: „Und wenn er Titania die Tropfen gibt, verliebt sie sich in irgend ein Lebewesen."

„In welches?" fragte er neugierig.

„Das fragt sich Oberon auch. Er tippt auf einen Bären, einen Löwen, einen Wolf oder einen Stier."

„Das ist gemein, aber er muss Titania erst finden."

„Er weiß, wo sie schläft!"

Die Bedienung kam, nahm die Kuchenteller und fragte, ob es geschmeckt hat, und auf die Frage ob sie noch etwas bestellen möchten, bat Alexander um die Rechnung.

„Zusammen?" fragte sie mit dem Blick, den Bedienungen auf ihre Gäste werfen, um zu sehen in welcher Beziehung sie zueinander stehen.

„Getrennt bitte", warf Silvia ein, und Alexander sah sie überrascht an.

Sie zahlten, und als sie aufstanden meinte Alexander, durch ihre Erzählung fühle er sich, als wäre er im Theater.

„Dann wechseln wir jetzt die Kulisse", schlug Silvia vor: „Wir könnten durch den Englischen Garten gehen, es ist zwar nicht der Wald vor Athen, aber es ist ein netter Weg zum Odeonsplatz, und dort fährt Ihre U-Bahn in Richtung Bahnhof und meine zum Hotel."

Sie verließen das Café und überquerten die kleine Brücke, die in den Englischen Garten führte. Vor ihnen dehnten sich die Wiesen aus, im Licht der tief stehenden Sonne spazierten Hundebesitzer, Familien saßen auf Decken im Gras. Auf einem extra ausgewiesenen Reitweg waren Kinder mit Ponys unterwegs, auf denen sie abwechselnd sitzen durften. Silvia und Alexander bogen direkt hinter der Brücke nach rechts ab, auf einen Weg, der im Schatten einer Baumreihe an einem kleinen Bach entlang führte.

„Wo schläft denn eine Elfenkönigin?" wollte Alexander nach einer Weile wissen und Silvia beschrieb ihm den Ort.

„Wo wilder *Thymian* blüht, *Schlüsselblumen* und nickende *Veilchen* wachsen, unter einer Laube von *Geißblatt* an der sich *Moschusrosen* und *Heckenrosen* emporranken", dabei zeichnete sie mit den Händen die Laube nach.

„Ein schöner Ort", sagte er: „Und es muss wunderbar duften, nach *Thymian* und *Rosen*", er sog tief Luft durch die Nase ein.

„Besonders gut riecht das *Geißblatt*, vor allem in der Abenddämmerung. Der intensive Geruch lockt Nachtfalter zu den Blüten. Diese dicken braunen Schmetterlinge schwirren wie Schatten von einer Blüte zur nächsten, man erkennt kaum, wie sie mit ihren langen Rüsseln den Nektar saugen und den Blütenstaub verteilen."

Silvia verlangsamte ihre Schritte: „Die Falter müssen schnell sein", er drehte sich zu ihr und sah sie fragend an.

„Weil Fledermäuse in der Abenddämmerung nach ihnen jagen."

„Oh", machte er, blieb stehen und sah sich um, als würde er Fledermäuse suchen. Sie folgte seinem Blick. Es war noch zu früh, aber später am Abend konnte man hier Fledermäuse beobachten. Er sah sie an und hob die Augenbrauen. Langsam gingen sie weiter.

„Ich überlege gerade", begann er „was diese Pflanzen für Titania bedeuten. Die *Rosen* stehen für die Liebe – die sie sich wünscht? Die *Schlüsselblumen* bedeuten einen neuen Anfang – für die Beziehung zu Oberon? Aber welche Bedeutung hat der *Thymian*?"

„Der *Thymian* ist ein Attribut von Aphrodite, der Göttin der Schönheit, genauso wie das *Veilchen*. Und das *Geißblatt* ist ein Symbol für eine harmonische Beziehung."

„Diese Titania muss eine Schönheit sein, wenn sie Aphrodites Attribute hat, aber das *Geißblatt* passt gar nicht, sie streitet doch seit Jahren mit Oberon."

„Aber sie ist sehr unglücklich darüber und wünscht sich eine bessere Beziehung", erwiderte Silvia und blieb stehen. Sie holte ein Bild auf ihr Smartphone und zeigte es Alexander. Er stellte sich neben sie, betrachtete das festlich gekleidete Paar und wollte wissen, ob das Oberon und Titania wären Sie sah erst ihn an, drehte dann das Bild zu sich.

„Sie hätten es sein können, aber auf dem Bild sieht man Rubens und seine Braut unter einer *Geißblattlaube*. Rubens hat dieses Bild in Holland genau zu der Zeit gemalt als Shakespeare in England den Sommernachtstraum schrieb.

II,2 S. 413 Oberon to Puck: I pray thee, give it me. I know a bank where the _wild thyme_ blows, Where _oxlips_ and the nodding _violet_ grows; Quite over-canopied with luscious _woodbin_e, With sweet _musk-roses_ and with _eglantine_: There sleeps Titania sometime of the night, Lull'd in these flowers with dances and delight;	Oberon zu Puck: Ich bitte dich, gib sie mir. Ich kenne einen Ort wo der wilde _Thymian_ blüht, Wo _Schlüsselblumen_ und das nickende _Veilchen_ wachsen, Ganz überwuchert mit üppigem _Geißblatt_, mit süßen _Moschusrosen_ und mit _Heckenrose_: Da schläft Titania einige Zeit in der Nacht, Eingehüllt in diese Blumen mit Tanz und Freude;

Thymian Thyme

*Schlüsselblume
Cowslip*

*Geißblatt Jelängerjelieber
Woodbine Honeysuckle*

Veilchen Violet

Rose Eglantine.

Peter-Paul Rubens: Rubens und Isabella Brant in der Geißblattlaube

Das Bild war ein Hochzeitsgeschenk für seine Braut, die Rubens wirklich liebte, was zu der Zeit eine Seltenheit war, denn die meisten Ehen waren damals arrangiert."

„Dann war das *Geißblatt* ein international gültiges Symbol?" folgerte Alexander.

„So könnte man sagen." Schweigend gingen sie weiter, bis Silvia fortfuhr: „Titania wird an diesem schönen Ort von ihren Elfen in den Schlaf gesungen. Dann schleicht Oberon sich heran und tropft den Saft in ihre Augen. Er freut sich diebisch über seinen Scherz, wer wird ihr wohl als erstes begegnen?"

„Ein Bär, ein Wolf oder ein Stier? Ein Löwe ist wohl eher unwahrscheinlich im Wald vor Athen!"

„Da haben Sie recht", lachte Silvia und sah ihn von der Seite an: „Aber bevor Titania erwacht und wir erfahren, in wen sie sich verliebt, hat Oberon hat noch eine Idee. Bei seinen Streifzügen durch den Wald hatte er beobachtet, wie die unglückliche Helena hinter ihrem Demetrius herläuft, der sie übel beschimpft. Und weil Oberon Helena helfen möchte, befiehlt er Puck, den Saft in die Augen des jungen Atheners zu tropfen, wenn er schläft. Puck rennt los und findet einen schlafenden jungen Athener - den er an seiner Kleidung erkennt - und tropft den Saft in seine Augen. Aber es ist nicht Demetrius, sondern Lysander. Und als Puck seinen Irrtum bemerkt, sucht er den anderen jungen Athener und tropft auch noch Saft in die Augen von Demetrius. Jetzt kommt die völlig verängstigte Helena, die sich im Wald verirrt hatte, findet den schlafenden Lysander und weckt ihn auf."

„Oh je, und jetzt verliebt sich Lysander in Helena."
„Genau, und dann suchen sie gemeinsam nach Demetrius - und Helena weckt auch ihn auf! Und jetzt verliebt sich auch Demetrius in Helena!"
„Und schon hat die schöne Helena zwei Verehrer!" lachte Alexander.
„Und was für welche!" Silvia schüttelte den Kopf und beschleunigte ihre Schritte: „Zwei Verehrer, die sich aufführen wie Verrückte und um Helena streiten. Sie sind kurz davor, sich zu prügeln. Und Helena? Sie hält das für einen groben Scherz und glaubt, die beiden machen sich über sie lustig. So geht das eine ganze Weile, bis Hermia zu ihnen findet. Sie hatte sich im Wald verirrt und ist froh, ihren geliebten Lysander zu sehen. Erleichtert geht sie auf ihn zu, aber er beschimpft sie als *Klette*, als *Vogelknöterich*, als *Rosenkranzperle* und als *Eichel*."
Alexander zählte mit den Fingern die Pflanzen mit:
„Dieser Lysander hat ein reiches Repertoire!" und dann erinnerte er sich:
„Das ist doch die Scheidungsdekoration, nicht wahr?"
Silvia nickte.
Alexander überlegte: „Also die *Klette* ist klar, manche Partner verhalten sich wie *Kletten* bei einer Trennung, aber dieser *Vogelknöterich*?" er sah sie fragend an.
„Die Pflanze heißt auf Englisch *knot-grass*, also wörtlich übersetzt Knotengras, im Text beschimpft Lysander Hermia als Zwerg, der aus verhinderndem Knotengras gemacht ist."
„Ergibt das einen Sinn?"
Silvia wiegte den Kopf.

III 2 Lysander to Hermia: Hay off thou cat, thou burr!	Lysander zu Hermia: Hau ab du Katze, du Klette
Get you gone, you dwarf; You minimus, of hindering _knot-grass_ made; You _bead_, you _acorn_.	Geh du weg, du Zwerg; Du Minimum, aus Ehebund verhinderndem _Gras_ gemacht; Du _Rosenkranzperle_, du _Eichel_.

Klette Burr

Vogelknöterich Knot-grass

Hagebutte Bead

Eichel Acorn

„Es gibt eine Redewendung im Englischen, sie heißt ‚to tie the knot' und bedeutet ‚den Knoten binden', oder im übertragenen Sinn: ‚den Ehebund schließen', und dann würde es bedeuten, dass Hermia aus Gras gemacht ist, das den Ehebund verhindert."

Er sah sie bewundernd an: „Raffiniert!"

„Ja, ein ausgefeiltes Wortspiel."

„Zu der Scheidungsdeko gehören noch *Hagebutten* und *Eicheln*, was hat es mit denen auf sich?"

„*Hagebutten* verwendete man früher als Perlen für Rosenkränze, daher kommt auch das Wort Rosenkranz."

„Sie meinen, Lysander muss irgendwann den Rosenkranz beten, weil er den Blödsinn bereut den er da erzählt?"

„Möglich", sie zuckte mit den Schultern: „und die *Eichel* bedeutet nicht unbedingt eine Beschimpfung, aus einer *Eichel* kann eine große Eiche wachsen", stellte sie fest.

Er blieb stehen und sah hinauf in die Kronen der Bäume. Daran hatte er gar nicht gedacht. In Gedanken versunken gingen sie langsam den Weg weiter, der sie an dem Bach entlang führte. Alexander blinzelte in die Strahlen der tiefstehenden Sonne und fragte, ob Hermia und Lysander wieder zusammen kommen.

„Das dauert noch ein bisschen! Jetzt ist Hermia ganz verzweifelt. Sie kann ja nicht ahnen, dass Puck überall die Liebestropfen verteilt und sich dabei köstlich amüsiert. In dieser Laune streift Puck weiter durch den Wald, und bald entdeckt er die Handwerker, die sich, wie verabredet, im Wald getroffen haben unter der *Eiche*, von der sie sich die Hilfe Jupiters erhoffen."

Sie sah nach oben, und er folgte ihrem Blick:

„Wahrscheinlich war die *Eiche* der Handwerker noch viel größer. Der Stamm kann so dick werden", sie breitete die Arme aus: „Unter so einer *Eiche* treffen sie sich, aber um zu üben, brauchen sie eine Bühne, und sie finden sie vor einer *Weißdornhecke*. Sie sah sich um, ging auf eine Hecke zu und zog einen Zweig zu sich heran. Als er näher kam, sagte sie, es sei ein *Weißdorn*. Er drückte mit dem Zeigefinger vorsichtig auf die Spitze eines Dorns und meinte, der Name würde passen. Dann nahm er ein Blatt und rieb es zwischen den Fingern, als wäre es ein Gewürz.

„Aus den Blättern macht man eine herzstärkende Medizin, sie hilft gegen hohen Blutdruck."

„Jetzt verstehe ich, warum die Pflanze zum Ehegott gehört, damit der Blutdruck nicht zu hoch wird, wenn die Ehepartner streiten!"

„Umgeben von dem Blutdruck senkenden Strauch können die Handwerker ungestört üben. Sie stellen sich aber sehr ungeschickt an, ihr Regisseur *Quitte* ist der Verzweiflung nahe. Als Bottom endlich seine Rolle einigermaßen über die Bühne gebracht hat, verschwindet er hinter der *Weißdornhecke*, um sich umzuziehen. Und da findet ihn Puck und aus lauter Übermut zaubert Puck ihm einen Eselskopf. Bottom bemerkt es erst gar nicht, aber als er hinter der Hecke hervorkommt und die anderen ihn sehen, rennen sie vor ihm davon, als hätten sie einen Geist gesehen.

III,1 Quince: This green plot shall be our stage, this _hawthorn_-brake our tiring-house, and we will do it in action as we will do it before the duke.	Quitte: Dieser grüne Platz soll unsere Bühne sein, diese _Weißdornhecke_ unsere Umkleide, und wir wollen es in voller Aktion machen, so wie wir es vor dem Herzog aufführen.

Weißdorn Hawthorn

Jetzt ist Bottom ganz allein im Wald und bekommt Angst. Und um die Angst zu vertreiben, fängt er laut an zu singen, aber aus seinem Eselskopf kommt nur ein heiseres Geschrei, so kommt er zu der Stelle wo Titania schläft." Alexander fasste sich mit der Hand an die Stirn und ihm wurde klar, was jetzt passiert, Titania wacht auf, sieht den Eselskopf und verliebt sich in ihn. Das heisere Geschrei ist für sie ein engelsgleicher Gesang und sie himmelt ihn an.

„Und was macht Bottom?" wollte Alexander wissen.

„Der weiß gar nicht, wie ihm geschieht, und erklärt Titania sie hätte sich wohl getäuscht. Aber Titania befiehlt ihren Elfen, ihn zu verwöhnen.

Die Elfen holen ihm *Aprikosen*, *Stachelbeeren*, *Trauben*, *Feigen* und *Maulbeeren*. Und schieben dem Eselskopf eine Frucht nach der anderen ins Maul."

„Das sind doch die Früchte, die auf dem Tisch lagen. Die Fruchtbarkeitssymbole", erinnerte sich Alexander.

„Wegen der vielen Kerne, aus jedem Kern kann eine neue Pflanze wachsen."

Er überlegte: „Was ist mit den *Aprikosen*?" fragte er, „Da ist nur ein Kern drin."

„*Aprikosen*", sagte sie leise „haben eine zarte Haut und regen die Sinnlichkeit an."

„Das ist gut und sollte auf keiner Hochzeitstafel fehlen.", er grinste in sich hinein.

Nach einer Weile sah er sie an: „Wussten die Menschen damals im Theater, was die Früchte bedeuten?"

Sie nickte und zog eine Augenbraue hoch: „So wie heute jeder die Bedeutung eines Kleeblattes kennt."

„Wenn man sich das überlegt, die Leute im Theater müssen vor Vergnügen gejohlt haben, wenn die Elfen dem Eselskopf eine Frucht nach der anderen ins Maul stecken."

III,2 Titania to elves: Be kind and courteous to this gentleman; Hop in his walks, and gambol in his eyes; Feed him with _apricocks_ and _dewberries_, With purple _grapes_, green _figs_, and _mulberries_; The honey-bags steel from the humble-bees,	Titania zu den Elfen: Seid nett und zuvorkommend zu diesem Herrn; Hüpft in seine Gangart und springt in seine Augen; Füttert ihn mit _Aprikosen_ und _Stachelbeeren_, mit purpurnen _Trauben_, grünen _Feigen_, und _Maulbeeren_; Die Honigtaschen stehlt von den Hummeln,

Aprikose
Apricock

Feige
Fig

Trauben
Grapes

III,1 Bottom: Your name, honest gentleman? *Peaseblossom: <u>Peaseblossom</u>,*	Bottom: Euer Name, werter Ehrenmann? *Erbsenblüte: <u>Erbsenblüte</u>*

Erbsenblüte Peaseblossom

„Bestimmt! Und Bottom fühlt sich wohl. Er macht sich mit einer der Elfen bekannt, sie heißt *Erbsenblüte*."

„*Erbsenblüte*? Ich schau mal nach", er tippte auf sein Handy und sah sich ein Bild an: „Das ist verblüffend", sagte er: „Die Blüte sieht aus wie eine Elfe mit Flügeln - sogar die Größe stimmt", er schüttelte ungläubig den Kopf.

Erbsen gehören zur Pflanzenfamilie der Schmetterlingsblütler stand dabei, und er dachte, so einfach kann Botanik sein.

„Bringen die Elfen noch mehr Leckereien für Bottom?"

„Er möchte Honig, einen besonderen Honig aus der Blüte einer *Distel*, und er bittet *Erbsenblüte*, ihm den Honig aus dem Honigbeutel einer Hummel zu stehlen."

Alexander fand, Bottom sei ein Feinschmecker und wollte wissen, wieso der Honig von einer *Distel* kommen müsse.

„Bottom signalisiert damit, dass er für eine Beziehung bereit ist."

Alexander blieb stehen: „Aber eine *Distel* ist doch ein Symbol für jemanden, der auf Abstand bleiben will",

„Die *Distel* hat diese Bedeutung, aber sie hat auch noch eine andere: Wer sich in den Bereich einer *Distel* begibt, der steht in ihrem Schutz und für den wird gut gesorgt, im Volksmund heißt die Pflanze auch *Mannstreu*." Sie zeigte ihm ein Bild von Albrecht Dürer, ein Selbstbildnis, auf dem er eine *Distel* in der Hand hält. Dürer hatte es für die Eltern seiner Braut gemalt, um ihnen zu zeigen, dass er ein treusorgender Ehemann sein wird.

IV,1

Titania to Bottom:
Or say, sweet love, what do you desirest to eat.
Bottom:
Truly a peck of provender: I could much your good dry *oats*. Methinks I have a great desire to a bottle of *hay*, sweet *hay*, hath no fellow.
Titania:
I have a venturous fairy that shall seek The sqirrel's hoard, and fetch the new *nuts*,
Bottom:
I had rather have a handful or two of dried *peas*. But, I pray you, let none of your people stir me: I have an exposition of sleep come upon me.
Titania:
Sleep thou, and I will wind thee in my arms. Fairies be gone, and be all thy ways away. So doth the *woodbine* the sweet *honeysuckle* Gently entwist; the female *ivy* so Enrings the barky fingers of the *elm*.
O, how I love thee!

Titania zu Bottom:
Oder sag, süßer Liebling, was wünschst du zu essen.
Bottom:
Wahrlich ein Viertelscheffel voll Futter. Ich könnte viel von eurem guten trockenen *Hafer*. Ich glaube ich habe großes Bedürfnis nach einem Sack *Heu*, süßes *Heu*, hat nicht Seinesgleichen.
Titania:
Ich habe eine wagemutige Elfe, die soll suchen Des Eichhörnchens Vorrat, und neue *Nüsse* holen,
Bottom:
Ich hätte lieber eine Handvoll oder zwei von getrockneten *Erbsen*. Aber, Ich bitte dich, lass keinen deiner Leuten mich berühren: ich habe eine Exposition zum Schlaf, die mich überkommt.
Titania:
Schlaf du, und ich winde dich in meine Arme. Elfen geht weg, geht alle eurer Wege. So zart wie das *Geißblatt* das süße *Jelängerjelieber* behutsam umschlingt; so wie der weibliche *Efeu* die borkigen Finger der *Ulme* umringt.
O, wie ich dich liebe!

How I dote on thee!	Wie ich dich vergöttere!

Efeu
Ivy

Hafer
Oat

Erbsen
Peas

Nüsse
Nuts

Sie gingen langsam weiter und Alexander meinte, so gesehen würden *Disteln* gut auf eine Hochzeitstafel passen. Aber sie waren sich schnell einig, dass die meisten das wohl falsch verstehen würden.

„Titania hat noch mehr Ideen für Bottom. Sie schickt eine ihrer Elfen los, um ganz frische *Nüsse* aus dem Vorrat des Eichhörnchens zu stehlen."

„So eine Elfe schleppt eine *Nuss*? Selbst eine *Haselnuss* ist größer als die Elfe! Und warum muss sie *Nüsse* holen?"

„Oh", machte sie: „*Nüsse* sind Fruchtbarkeitssymbole."

Er grinste: „Hätte ich mir eigentlich denken können", er schüttelte den Kopf: „Diese Titania muss wirklich vernarrt sein in ihren Eselskopf."

„Oh ja. Sie steckt *Rosen* in sein Fell und krault seine langen Ohren. Dabei beschwört sie ihre Liebe, die ihn so zart umschlingt wie das *Geißblatt* das *Jelängerjelieber*."

Er erinnerte sich an die *Geißblattlaube*, aber wie sah ein *Jelängerjelieber* aus? Und tatsächlich sind das zwei Namen für dieselbe Pflanze. Ihre Zweige wachsen umeinander und verschränken sich - Silvia verschränkte die Finger und drehte die Hände hin und her - dass es aussieht, als würden die Zweige sich umarmen, deshalb galt der Strauch als Symbol für eine harmonische Beziehung. Und Titania hat noch einen Vergleich um ihre Liebe zu beschreiben. Sie hält ihren Eselskopf so fest in ihren Armen wie der *Efeu* die borkigen Finger der *Ulme* umklammert."

Der Weg führte an einem Teich vorbei. Sie hielten sich rechts und gingen auf eine Unterführung zu, vorbei an alten Bäumen, deren hohe Stämme von dichtem *Efeu* umhüllt waren.

„Umklammert", sagte Alexander und seine Stimme hallte laut in der dunklen Unterführung: „da kommt Bottom so schnell nicht mehr raus!" Er beugte sich an ihr Ohr und sagte leiser: „Irgendwann bringt der *Efeu* seinen Baum um - er erwürgt ihn!"

Sie sah ihn an: „Wie ein Partner, der zu sehr klammert."

Sie verließen die Unterführung und gingen den kleinen Hügel hinauf, der in den Hofgarten führte. Die symmetrische Anordnung der Beete mit dem Dianatempel im Zentrum bildete einen deutlichen Gegensatz zu dem wild angelegten Englischen Garten. Die Beete waren von *Stiefmütterchen* umrahmt. Moderne Zuchtformen mit großen Blüten in den verschiedensten Farben. Sie setzten sich auf eine Bank am Rand der gepflegten Kieswege. Leise Musik drang bis zu ihnen und sie beobachteten drei Paare, die im Diana-Tempel zu Tangoklängen tanzten. Aus der Entfernung wirkte es, als würden sie schweben.

Nach einer Weile brachte Alexander das Gespräch wieder auf Bottom und fragte, wie Bottom wieder aus der Umklammerung herauskäme. Alleine schafft er es nicht, aber Oberon beschließt, dem Zauber ein Ende zu machen. Er kann es nicht mehr mit ansehen, wie sich Titania lächerlich macht und besorgt das Gegenmittel. Alexander sah sie fragend an und sie sagte „*Wermutkraut*."

„Bedeutet das, ein Schluck Wermut hilft gegen zu starkes verliebt sein?"

„*Wermutkraut*!" betonte Silvia: „ist eine bittere Medizin, die in diesem Fall als Saft auf die Augen der Schlafenden getropft werden muss. *Wermutkraut* ist das Attribut der Jagdgöttin Diana, eine strenge Göttin, die in Keuschheit lebte. Ihre Nymphen mussten schwören, sich nie mit einem Mann einzulassen. Ein Verbot, das zu vielen Verwicklungen in der griechischen Mythologie führte", sie wiegte den Kopf: „Also holt Puck das *Wermutkraut*, und Oberon tropft den Saft in Titanias Augen. Sie wird wieder sie selbst und ist so froh, von dem Zauber erlöst zu sein, dass sie sich mit Oberon versöhnt und ihm die Erziehung des Knaben überlässt. Bottoms Eselskopf wird weggezaubert, und Bottom rennt zu seiner Schauspielertruppe."

„Und was wird aus Lysander und Hermia?"

„Die beiden und Demetrius und Helena werden von Puck so lange durch den vom Morgennebel verhangenen Wald gejagt, bis sie völlig erschöpft einschlafen. Dann tropft Puck den Saft aus *Wermutkraut* in Lysanders Augen. Bevor die vier erwachen, legt Puck noch einen Vergessenszauber über sie und als sie aufwachen, wissen sie nicht mehr, was in der Nacht passiert ist. Lysander liebt wieder seine Hermia."

„Und Demetrius", überlegte Alexander laut „hat die Tropfen aus *Wermutkraut* nicht bekommen!" er tippte sich mit dem Finger an die Stirn: „Das bedeutet, er liebt immer noch Helena!"

Silvia nickte: „Die vier sind noch ganz benommen von der Nacht im Wald und der Begegnung mit den Elfen. Müde gehen sie zurück nach

IV,1 Oberon to Titania: Be as thou wast wont to be; See as thou wast wont to see: *Dian's bud* o'er *Cupid's flower* Hath such force and blessed power. Now my Titania, wake you, my sweet queen.	Oberon zu Titania: Sei wie du sein willst; Schau was du schauen willst: *Dianas Knospe* über *Amors Blume* Hat solche Kraft und gesegnete Stärke. Nun meine Titania, wach auf, meine süße Königin.

Wermut
Wormwood

Acker-Stiefmütterchen
Love-in-idleness

Athen, wo man sich schon Sorgen um sie macht. Demetrius erklärt Hermias Vater, dass er Helena heiraten möchte, und Hermia bekommt ihren Lysander. Und dann feiern sie zusammen mit Theseus und der Königin der Amazonen eine Dreifach-Hochzeit."

„Eine schöne Geschichte mit einem richtigen Happy End", sagte Alexander. Sie streckten die Beine aus und blickten auf die drei Paare, die sich im Dianatempel immer noch zur Musik drehten. Die Sonne ging langsam hinter den Arkaden unter. Plötzlich drehte Alexander sich zu ihr, sah ihr in die Augen und beschwor sie, unbedingt in sein Lokal zu kommen. Durch die Geschichte habe er viele Ideen für neue Gerichte, und sie müsse alle probieren. Bei jeder Hochzeit wird es etwas mit *Thymian* geben – als Fleischgericht oder vegetarisch – das wird oft nachgefragt. Und die Fruchtbarkeitssymbole werde er ab jetzt bewusst auf den Tisch stellen. Käseplatten mit *Trauben*, Schinken mit *Feigen*, *Nuss*kuchen mit *Kirschen*. Er begann zu schwärmen von Hochzeitstorten mit gezuckerten *Veilchen*, *Geißblattblüten* und kleinen *Quitten* aus Marzipan. Dann überlegten sie, ob *Efeuranken* passen würden, aber da das zu der bekannten Umklammerung führen könnte, ließen sie den *Efeu* lieber weg. Und zu all dem Silvias Tischdekorationen, er strahlte sie an. Silvia musste lachen und verriet ihm noch den Trick mit *Thymian* als Ansteckssträußchen für die Hochzeitsgäste. Weil es dann jedes Mal, wenn sich die Gäste bei der Begrüßung umarmten – und dabei auf die Blätter drückten - ganz zart nach *Thymian* duftet.

„Wunderbar!", Alexander sog tief Luft durch die Nase ein, als wäre die Luft voller *Thymian*.

Langsam wurde es dunkel, sie standen auf und gingen am Dianatempel vorbei auf die äußeren Kieswege, auf denen sie den letzten Boule Spielern auswichen, unter den Arkaden hindurch auf den Odeons Platz. Die Uhr an der Theatiner Kirche zeigte halb zehn.

„Oh", sagte er: „ich muss zum Bahnhof!"

„Mit der U-Bahn sind Sie in zehn Minuten da."

„Dann schaffe ich das", er sah sie an und gab ihr seine Visitenkarte, dann griff er nach ihrer Hand, zögerte ein wenig und umarmte sie dann: „Kommen Sie jederzeit vorbei, Sie sind herzlich eingeladen, Sie müssen alles probieren."

„Ich komme bestimmt", sagte sie und sah ihm nach, wie er mit langen Schritten zur U-Bahn ging. Kurz vor der Treppe, drehte er sich noch einmal um, und sie winkten sich lächelnd zu.

Anhang

In den folgenden Versen beschreibt die Elfenkönigin Titania die Folgen der sogenannten „Kleinen Eiszeit". Während der Kleinen Eiszeit gab es in Europa erhebliche Klimaschwankungen. Der Zeitraum von 1570 bis 1630, den Shakespeare erlebte, war ein besonders kalter Abschnitt mit Missernten, Orkanen und harten Wintern. In den kühlen und feuchten Sommern verfaulte das Getreide auf den Feldern und die Menschen mussten hungern.

Die Temperaturänderungen können durch indirekte Klimadaten wie Sedimentproben, Wachstumsringe der Bäume und Pollenanalysen nachgewiesen werden. Aber auch durch viele Zeitzeugnisse wie die Bilder von Pieter Brueghel d. Ä., dessen Gemälde "Heimkehr der Jäger" als erstes Winterbild gilt. Es wurde im Winter 1564/65 gemalt, der damals als der kälteste seit Menschengedenken galt.

In den Jahren 1565, 1595, 1608 war die Themse in London zugefroren und es fanden Frostjahrmärkte statt. Ebenso gibt es Bilder von den eingefrorenen Kanälen in Venedig.

II,1 Titania: These are the forgeries of jealousy: And never, since the middle summer's spring,	Titania: Dies sind die Fälschungen der Eifersucht: Und nie, seit des Mittsommers Frühling,

Met we on hill, in dale, forest, or mead, By paved mountain or by rushy brook, Or in the beached margent of the sea, To dance our ringlets to the whistling wind, But with they brawls you have disturb'd our sport. Therefore the winds, piping in vain, As in revenge, have suck'd up from the sea Contagious fogs; which, falling in the land, Have every pelting river made so proud, That they have overborne their continents: The ox has therefore stroke his yoke in vain, The ploughman lost his sweat; and the green *corn* Hath rotted ere his youth attain'd a beard:	Trafen wir uns am Hügel, im Tal, in Wald, oder Wiese, Am geebneten Berg oder am stürzenden Bach, Oder an den strandigen Rändern des Meeres, Zu tanzen unseren Reigen für den pfeifenden Wind, Aber mit deinen Schlägereien hast du unseren Sport gestört. Deshalb pfeifen die Winde vergeblich, Wie aus Rache, haben sie aus dem Meer aufgesogen Ansteckende Nebel, die, wenn sie auf das Land fallen, jeden prasselnden Fluss so stolz machten, Dass sie ihr Flussbett überschwemmten: Der Ochse hat deshalb sein Joch vergebens gezogen, Der Pflüger verlor seinen Schweiß, und das grüne *Korn* War verrottet ehe seine Jugend einen Bart bekam:

The fold stands empty in the drowned field, And crows are fatted with the murrion flock; The nine men's morris is fill'd up with mud; And the quaint mazes in the wanton green, For lack of tread, are undistinguishable: The human mortals want their winter here; No night is now with hymn or carol blest: Therefore the moon, the governess of floods, Pale in her anger, washes all the air, That rheumatic diseases do abound: And thorough this distemperature we see The seasons alter: hoary-headed frosts Fall in the fresh lap of *crimson rose*;	Der Pferch steht leer im überschwemmten Feld, Und Krähen verfetten mit der darbenden Schafherde; Die Kegelbahn ist angefüllt mit Schlamm; und die malerischen Labyrinthe im liederlichen Grün, wegen Mangel an Nutzung, sind mittelmäßig: Die sterblichen Menschen wollen ihre Winter hier; Keine Nacht ist jetzt gesegnet mit Hymn oder Weihnacht: Deshalb ist der Mond, der Beherrscher der Fluten, bleich in seinem Ärger, wäscht all die Luft, dass rheumatische Krankheiten sich ausbreiten: Und durch diese Untemperatur sehen wir Die Jahreszeiten sich ändern: reifbedeckte Fröste Fallen in die frischen Schöße der *Crimson Rose*;

And on old Hiem's and icy crown An odorous chaplet of sweet summer buds Is, as in mockery, set: the spring, the summer, The childing autumn, angry winter, change Their wonted liveries; and the mazed world, By their increase, now knows not which is which: And the same progeny of evils comes From our debate, from our dissension; We are their parents and original.	Und auf dem alten Winter und seiner eisigen Krone ist Ein duftender Kranz süßer Sommerknospen wie zum Spott, gesetzt: der Frühling, der Sommer, Der fruchtvolle Herbst, wütende Winter, ändern Ihre gewohnten Kleider, und die verwirrte Welt, durch die Auswirkungen, weiß nun nicht mehr wer ist wer: und diese Nachkommenschaft des Bösen kommt Von unserem Streit, von unserer Uneinigkeit; wir sind deren Eltern und Ursprung.

Liste der Pflanzen

Acker-Stiefmütterchen *Viola tricolor*
Love-in-idleness; Pansy; Cupid's flower
Aprikose Apricock *Prunus armaniaca*
Bohnen Bean *Phaseolus vulgaris*
Efeu Ivy *Hedera helix*
Eiche Oak *Quercus robur*
Eichelbecher Acorn cups
Erbsen Peas *Pisum sativum*
Erbsenblüte *Pisum sativum*
Feige Fig *Ficus carica*
Geißblatt Jelängerjelieber
Hafer Oat *Avena*
Hagebutten Bead *Rosa canina*
Holzapfel Crab *Malus silvestris*
Kirsche Cherry *Prunus avium*
Klette Burr *Arctium lappa*

Knoblauch Garlic	*Allium sativum*	
Nüsse, Nuts	*Corylus avellana*	(Foto: Haselnuss)
Quitte Quince	*Cydonia oblonga*	
Rose Rose	*Rosa canina*	(Foto: Zuchtrose, Edelrose)
Schlüsselblume Cowslip	*Primula veris*	
Schlüsselblume Oxlip	*Primula elatior*	(Foto Primula veris)
Schlüsselblume Primerose	*Primula vulgaris*	(Foto Primula veris)
Thymian Wild Thyme	*Thymus serpyllum*	
Trauben Grapes	*Vitis vinifera*	
Veilchen Violet	*Viola odorata*	
Vogelknöterich Knot-grass	*Polygonium aviculare*	
Weißdorn Hawthorn	*Crataegus spec.*	
Weizen Wheat	*Triticum*	
Wermut Wormwood	*Artemisia absinthum*	
Woodbine Honeysuckle	*Lonicera caprifolium*	
Zwiebeln Onions	*Allium cepa*	

Zuordnung der Pflanzen zu den Personen

Titania Schlüsselblume, Crimson rose, sweet summer buds, Thymian, Veilchen, Geißblatt Moschusrose, Heckenrose (Hundsrose), Aprikosen, Stachelbeeren, Feigen, Trauben, Maulbeeren, Nüsse, Geißblatt/Jelängerjelieber, Efeu, Ulme

Oberon Korn, grünes Getreide, Crimson rose, sweet summer buds, Ackerstiefmütterchen, Wermut

Puck Holzapfel, Bohnen

Elfen Schlüsselblume, Eichelbecher, Erbsenblüte, Senfsamen

Hermia Rosen, Weizen, Weißdorn, Schlüsselblume, Doppelkirsche, Gras, Rosenkranzperle, Eichel

Helena Schlüsselblume, Doppelkirsche

Bottom Eiche, Moschusrosen, Distel, Hafer, Heu, Erbsen, Zwiebeln, Knoblauch, Maulbeerbaum, Lilien, Kirschen, Schlüsselblume

Quince Weißdorn

Demetrius, Lysander, Hermias Vater: keine Pflanze

Literatur

Beuchert Marianne 2004
Symbolik der Pflanzen
Insel Verlag Frankfurt am Main und Leipzig

Dent Alan 1979
The World of Shakespeare
New York Taplinger Publishing Company

Ellacomb Henry N. 1884
The plant-lore and garden-craft of Shakespeare
Charleston BiblioLife Nachdruck von 1884

Fox Levi 1985
Shakespeare's Flowers
Jarrold Colour Publications, Norwich
Great Britain by Jarrold and sons Ltd. Norwich 385

Kerr, Jessica 1972
Shakespeare's Flowers
London Longman Group Ltd.

Rohde Eleonor Sinclair 1935
Shakespeare's Wild Flowers
London The Medici Society, Ltd.

Shakespeare's Comedies 1908
London Published by J.M. Dent & Co.
New York by E.P. Dutton & Co.

Zerling Clemens 2007
Lexikon der Pflanzensymbolik
AT Verlag, Baden und München

Bildnachweis

Peter Paul Rubens, "Rubens und Isabella Brant in der Geißblattlaube"
Mit freundlicher Genehmigung: Bayerische Staatsgemäldesammlungen –
Alte Pinakothek München (Inv. Nr. 334)

Fotos: Dr. Gabriele Kisser-Priesack